Tiotalan eile le Lodaidh MacFhionghain
Additional titles by Lewis MacKinnon

Leabhraichean | Books

Famhair agus Dàin Ghàidhlig Eile/
Giant and Other Gaelic Poems (2008)

Fleodragan-cabair/*Raft* (2012)

Rudan Mì-Bheanailteach is an Cothroman/
Intangible Possibilities (2014)

Clàran-ciùil | *Musical Recordings*

A' Seo/*Here* (2006)

Making More of It (2010)

Ràithean airson Sireadh/*Seasons for Seeking*
Leabhar-èisdeachd/*Audiobook* (2018)

Airson tuilleadh fhiosrachaidh 'fhaighinn a thaobh sgrìobhaidhean, ceòl is obair Lodaidh 'ic Fhionghain dèan céilidh air lewismackinnon.com air neo facebook.com/LodaidhMacFhionghan

To obtain more information on Lewis MacKinnon's writings, music and work, please visit lewismackinnon.com or facebook.com/LodaidhMacFhionghain

Ràithean airson Sireadh
Seasons for Seeking

Ràithean airson Sireadh
Seasons for Seeking

Dàin Rumi airson a' Mhìosachain Ghàidhealaich
an Albainn Nuaidh | *Poems of Rumi for the Gaelic
Cultural Calendar in Nova Scotia*

Taghaidhean de dhàin 's a' Bheurla le Coleman Barks, mìniche Rumi,
le eadar-theangachadh chon na Gàidhlig agus dàin tùsail eile

*Selected English poems by Rumi interpreter Coleman Barks
with Gaelic translations and other original poems*

le | *by*

Lodaidh MacFhionghain
Lewis MacKinnon

bradan
press

Halifax, Nova Scotia | Halafacs, Alba Nuadh
Canada

Ràithean airson Sireadh / Seasons for Seeking *was first published by Bradan Press in 2017.*

Bradan Press
Halifax, Nova Scotia, Canada
info@bradanpress.com | www.bradanpress.com

The Gaelic Books Council assisted the publisher with the costs of publishing this book.

Gaelic text and original English text copyright © 2017 Lewis MacKinnon

Seven poems from RUMI: THE BOOK OF LOVE. POEMS OF ECSTASY AND LONGING, TRANSLATIONS & COMMENTARY by COLEMAN BARKS ET AL. Copyright © 2003 by Coleman Barks. Reprinted by permission of HarperCollins Publishers.

Twelve poems from A YEAR WITH RUMI: DAILY READINGS by COLEMAN BARKS. Copyright © 2006 by Coleman Barks. Reprinted by permission of HarperCollins Publishers.

Five poems from RUMI: THE BIG RED BOOK by COLEMAN BARKS. Copyright © 2010 by Coleman Barks. Reprinted by permission of HarperCollins Publishers.

Cover art copyright © 2017 Christine MacIsaac

Sufi woman photo in cover art copyright © 2017 Pande Heryana, apelphotography.com

Back cover author photo copyright © 2017 Jordan Guy Dickie

Gaelic proofreader: Catrìona Parsons

All rights reserved. No part of this publication may be reproduced, distributed, or transmitted in any form or by any means, including photocopying, recording, or other electronic or mechanical methods, without the prior written permission of the author and the publisher.

Library and Archives Canada Cataloguing in Publication

Barks, Coleman
[Poems. Selections]
Ràithean airson sireadh : dàin rumi airson a' mhìosachain ghàidhealaich an albainn nuaidh / taghaidhean de dhàin 's a' bheurla le Coleman Barks, mìniche Rumi, le eadar-theangachadh chon na gàidhlig agus dàin tùsail eile = Seasons for seeking : poems of Rumi for the Gaelic cultural calendar in Nova Scotia / selected English poems by Rumi interpreter Coleman Barks with Gaelic translations and other original poems.

Issued in print and electronic formats.
Text in Scottish Gaelic with English translation on facing pages.
ISBN 978-1-988747-05-7 (softcover).--ISBN 978-1-988747-08-8 (EPUB).--
ISBN 978-1-988747-07-1 (Kindle).--ISBN 978-1-988747-06-4 (PDF)

I. MacKinnon, Lewis, 1970-, author, translator II. Title. III. Title: Seasons for seeking.

PS3552.A6717A53 2017   811'.54   C2017-906232-8
C2017-906233-6

Chaidh *Ràithean airson Sireadh / Seasons for Seeking* fhoillseachadh an toiseach le Clò a' Bhradain ann an 2017.

Clò a' Bhradain
Halafacs, Alba Nuadh, Canada
info@bradanpress.com | www.bradanpress.com

Chuidich Comhairle nan Leabhraichean am foillsichear le cosgaisean an leabhair seo.

Teacsa na Gàidhlig agus teacsa tùsail na Beurla © 2017 Lodaidh MacFhionghain

Seachd dàin bho RUMI: THE BOOK OF LOVE. POEMS OF ECSTASY AND LONGING, TRANSLATIONS & COMMENTARY le COLEMAN BARKS ET AL. © 2003 Coleman Barks. Air an ath-chlò-bhualadh le cead bho HarperCollins Publishers.

Dà dhàin dheug bho A YEAR WITH RUMI: DAILY READINGS le COLEMAN BARKS. © 2006 Coleman Barks. Air an ath-chlò-bhualadh le cead bho HarperCollins Publishers.

Còig dàin bho RUMI: THE BIG RED BOOK le COLEMAN BARKS. © 2010 Coleman Barks. Air an ath-chlò-bhualadh le cead bho HarperCollins Publishers.

Ealan a' chòmhdaich © 2017 Cairistìona NicÌosaig

Dealbh do bhoireannach Suphach ann an ealain a' chòmhdaich © 2017 Pande Heryana, apelphotography.com

Dealbh an ùghdair air a' chòmhdach-cùil © 2017 Jordan Guy Dickie

Té-dheasachaidh na Gàidhlig: Catrìona Parsons

Gach còir glèidhte. Chan fhaodar cuid sam bith dhen leabhar seo ath-nochdadh, a thasgadh ann an co-rian lorg no a chraobh-sgaoileadh, ann an cruth sam bith no air mhodh sam bith, dealantach, uidheamach no tro dhealbh lethbhric, clàraidh no eile, gun chead ro-làimh ann an sgrìobhadh bhon sgrìobhadair is bhon fhoillsichear.

Facal bho 'n Fhoillsichear

Bheir leughdairean agus sgrìobhdairean Gàidhlig an aire nach eil dòigh litreachaidh na Gàidhlig ann an Ràithean son Sireadh / Seasons for Seeking a' gabhail gu buileach ris na dòighean-litreachaidh a cleachdar an-diugh ann an Gnàthachas Litreachadh na Gàidhlig (GOC). Suidhichte mar a tha 'ad ann a' cruth-tìre dùthchasail na h-Albann Nuaidh 'sa' làtha an-diugh, tha na dàin seo air an dèanadh 'san dòigh-sgrìobhadh Ghàidhlig ris an robh an t-ùghdar cleachdte bho thùs agus a tha air bhith 'na pàirt de mhodh-labhairt litreachas Gàidhlig na mór-roinne airson ginealaichean.

Note from the Publisher

Readers and writers of Gaelic will notice that the printed word in Ràithean son Sireadh / Seasons for Seeking *varies from the Scottish Gaelic Orthographic Conventions (GOC) used today. Grounded as they are in the cultural landscape of contemporary Nova Scotia, these poems are composed using the spelling and punctuation that the author was exposed to and which has been part of the Gaelic literary expression of the province for generations.*

Aithneachaidhean
Acknowledgements

Tha na dàin 's a' Bheurla le Coleman Barks ás na cruinneachaidh a leanas air an ath-chló-bhualadh le cead o HarperCollins.

English poems by Coleman Barks from the following collections are reprinted with permission from HarperCollins.

A Year With Rumi: Daily Readings
Burnt Kabob
Who Says Words With My Mouth
People Want You To Be Happy [Doves]
Harsh Evidence
Who Makes These Changes
Ignore Those That Make You Fearful and Sad
The Taste of Morning
The Guest House
One Swaying Being
That Quick
Amergin's Song

Rumi: The Book of Love: Poems of Ecstasy and Longing, Translations and Commentary
The Stupid Things I've Done
Prince of Kabul
Your Defects
Longing
If Everyone Could See What Love Is
Today, Like Every Other Day, We Wake up Empty
Out Beyond Ideas of Wrongdoing and Rightdoing

Rumi: The Big Red Book
There You Are
Come to the Orchard in Springtime
Be With Those Who Help Your Being
Admit It and Change Everything
Knock And He'll Open the Door For You

"…a chionn gu bheil fhios agam gur maiseach a h-uile rud a tha ùr, agus gur searbh a h-uile rud a tha coitcheann, agus gur miann leinn a tha a h-uile rud nach eil againn, agus is beag a smaoinicheas sinn, air a h-uile rud a th'againn."

—Eimir, bean a' ghaisgich Ghàidhealaich mhiotasaich, Cù Chulainn

"…for I know that everything that is new seems fair, and everything that is common seems bitter, and everything we have not seems desirable to us, and everything we have, we think little of."

—Emer, wife of the mythical Gaelic hero Cù Chulainn (Charles Squire, Celtic Myth & Legend: Poetry & Romance, *Gresham Publishing, 1905, p. 187)*

Clàr-innse
Contents

Aithneachaidhean *Acknowledgements*	viii
Facal-tòisich *Introduction*	xiii
An t-Samhainn - A' 31d là dhen Dàmhair *End of the Harvest - October 31st*	3
Féilltean na Nollaig - An 25mh là dhen Dùdlachd– An t-6mh là dhen Fhaoilteach *Feasts of Christmas - December 25th–January 6th*	13
Oidhche Chullainn - A' 31d là dhen Dùdlachd *Calend's Eve - December 31st*	27
Là Fhéill Brìghde - A' 1d là dhen Ghearran *Brigit's Feast Day - February 1st*	33
Là Fhéill Pàdraig - An 17mh là dhen Mhàrt *Patrick's Feast Day - March 17th*	39
A' Chàisg - An 40 là ro 'n a' Chàisg *Passover Period - The 40 Days before Easter*	45
Là Buidhe Bealltainn - A' 1d là dhen Chéitean *May Day - May 1st*	65
Là Fhéill Chaluim Chille - An 9mh là dhen Òg-Mhìos *Columba's Feast Day - June 9th*	73
Àm an Fhoghair - A' 1d là dhen Lùnasdal *The Harvest – August 1st*	81

Introduction

Jalāl ad-Dīn Muhammad Balkhī (جلال‌الدین محمد بلخی), also known as Jalāl ad-Dīn Muhammad Rūmī (جلال‌الدین محمد رومی), and most commonly known in the English world as Rumi, was born on September 30th, 1207. It is likely he was born in the small village called Wakhsh, Persia which is today in Tajikistan.

Rumi was a Sufi. Sufism is a branch of the Islamic faith. After his father's death, Rumi was head of a religious school. He passed judgement and ensured that the Sufis who lived in his community were living in a righteous manner.

Then Rumi met Shams Tabriz. This meeting changed Rumi forever. He became an aesthetic, concerned with the creation and appreciation of beauty.

After Shams' death, a stream of creativity came out of Rumi's mouth as he twirled about in the traditional way of the Sufis—in English this is referred to as Whirling Dervishes.

He made poetry about creation, the relationship between humanity and the divine and the human desire to better understand the divine and to be united with it. He made vast works of poetry that have been translated into many languages.

When he died on December 17th, 1273, it is said that people of every faith came to his funeral.

Coleman Barks, poet, writer and Rumi enthusiast, interpreted earlier English translations of Rumi's poems into an American English format.

Coleman granted me permission to put selections of his interpretations into the Gaelic of Nova Scotia. Having been exposed to Rumi's poetry through Coleman's interpretations, I am truly indebted to him for this opportunity.

An attempt was made to put each poem that was selected in the context of the seasons in the Gaelic cultural calendar in Nova Scotia, and poems I made are also woven in for specific days in a season. The author of each poem is indicated by the initials "CB" or "LM."

Facal-tòisich

Rugadh Jalāl ad-Dīn Muhammad Balkhī (جلال‌الدین محمد بلخی), 's e Jalāl ad-Dīn Muhammad Rūmī (جلال‌الدین محمد رومی) a bh'ac' air cuideachd, agus mar is tric ann an saoghal na Beurla Rumi, air an 30mh dhen t-Sultain 1207. 'S dòcha gun d'rugadh e ann am baile beag, air an robh an t-ainm Wakhsh, Peairsia a tha an diugh ann an Tajikistan.

'S e Suphach a bh'ann an Rumi. 'S ann an Suphachd miar dhen chreideamh Ioslamach. As deaghaidh do bhàs athar, 's e ceannard sgoil-chreidimh a bh'ann an Rumi. Bha e a' toirt breitheanais is a' dèanadh cinnteach gu robh na Suphaich a' fuireachd 's a' choimhearsnachd aige a' cumail beò ann an dòigh na fìreantachd.

An uair sin, thachair Rumi air Shams á Tabriz. Dh'atharraich a' choinneamh Rumi gu bràth tuilleadh. Thàinig e gu bhith 'na fhear-mothachaidh, agus thòisich e a bhith a' toirt an aire air cruthachadh agus meas na bòidhcheid.

As deaghaidh bàs Shams, thòisich sruth de chruthachadh tighinn a-mach ás a bheul 's e 'na thuine mun cuairt ann an seann dòigh nan Suphach—*Whirling Dervishes* a th'aca orra 's a' Bheurla.

Rinn e bàrdachd air a' chruitheachd, air a' chàirdeas eadar daonntachd agus air an diadhaidh agus an fhadachd a th'aig daoine a bhith tuigsinn nas fhèarr na diadhachd agus a bhith ann an réiteachadh leatha. Rinn e obair mhór do bhàrdachd a chaidh 'eadar-theangachadh ann an iomadh cànan.

Nuair a dh'eug e air an 17mh dhen Dùdlachd 1273 thathar ag ràdhainn gun d'thàinig daoine de ghach creideamh dhan tòrradh aige.

'S e Coleman Barks, bàrd, sgrìobhadair agus neach-dealasach Rumi a chuir eadar-theangachaidhean na bu tràithe air bàrdachd Rumi 's a' Bheurla ann an cruth na Beurla Aimeireaganaich.

Thug Coleman cead dhomh taghaidhean dhe na h-eadar-mhìneachaidhean aige a chur ann an Gàidhlig na h-Albainn Nuaidh. Ann a bhith 'nam dhùsgadh-inntinn mhóir le bàrdachd Rumi thro obair Cholemain, tha mi fada 'na chomain dhan chothrom a tha seo.

To introduce each section, passages from the Carmina Gadelica *by Alexander Carmichael, and from Gaelic cultural tradition and proverbs were selected for inclusion to accompany the seasons and cultural calendar days.*

I hope you will find much wisdom, perspective and enjoyment in Rumi's words.

Lewis MacKinnon
Halifax, Nova Scotia
Spring 2017

Dh'fhiachadh ris na dàin a chaidh a thaghadh a bhith 'gan cur ann an co-theacsa nan ràithean ann am mìosachan cultarach nan Gàidheal an Albainn Nuaidh agus dh'fhigh mi a-staigh dàin a rinn mi fhìn do ghach là do ràith sònraichte. Tha an t-ùghdar do gach dàn air a shònrachadh leis na ciad litrichean, "CB" no "LM."

Gus gach earrann a chur an aithne dhan leughadair, chaidh sreathan bho ranntaichean o'n leabhar, *Carmina Gadelica* le Alasdair Mac Gille Mhìcheil, is o dhualchas no o sheanchas nan Gàidheal a thaghadh airson an toirt a staigh an cuide ri ràithean agus làthaichean féille.

Tha mi 'n dòchas gum faigh sibh an gliocas, an léirsinn agus an tlachd uile a bhios mi fhìn a' faighinn 's na faclan aig Rumi.

Lodaidh MacFhionghain
Halafacs, Alba Nuadh
An t-Earrach 2017

Dàin
Poems

End of Harvest
October 31st

"Oidhche Shamhna" or Halloween is the start of the new year in the Gaelic calendar.

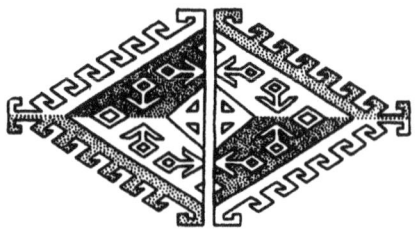

On Halloween,
The calves become yearlings.

—*Traditional*

Samhainn
A' 31d là dhen Dàmhair

'S e Oidhche Shamhna toiseach na bliadhna ùire
's a' mhìosachan Ghàidhealach.

Air Oidhche Shamhna,
Bidh na laoigh 'nan gamhna.

—Ás an t-seann nòs

A perpetual Halloween

*Huge, powerful muscles,
that's the thing
that puts to flight
feelings
of inadequacy
exacerbated
by the hands
of bullies;*

*The anger that appears
in religious arguments
where one
must be right
is found in the resulting damage
left in the hell
of the wake
of righteousness;*

*Silence and coldness
are the caressers
of
unrequited
love
where control stands
in a pool
of frozenness;*

*A deceitful smile
is used
in mind games
of power
that keeps
one guessing
as to the value
of contributions;*

Samhainn

Oidhche Shamhna bhith-bhuan

Feithean móra neartmhor,
sin an rud
a chuireas an ruaig
faireachdainnean
gun fheum
air am feargachadh
le làmhan
luchd a' bhurraidh;

An fhearg a nochdas
ann an argamaidean-creidimh
far a dh'fheumas neach
a bhith ceart
ri fhaighinn ann an cron a tha 'na thoradh
air 'fhàgail ann an Ifrinn
rotal
na fìreantachd;

Sàmhachas agus fuachd
'nan luchd-tàlaidh
a' ghaoil
neo-dhìolta
far a sheasas smachd
ann an lùb
'na reòthadh;

Gàire chealgach
air a chur gu feum
ann an geamaichean-inntinne
a' chumhachd
a chumas neach
a' tomhas
air luach
a thabhartais;

End of Harvest

Fear of death
and oblivion
keeps Halloween
alive
every day of our lives;

LM

Samhainn

Cumaidh eagal a' bhàis
agus na seach-mhallachd
an t-Samhainn
beò
gach là
ar beatha;

End of Harvest

I want to die into my death

I want to die into my death
I want to be stretched out
Flat on my back
In the dark depths

Where there is nothing about me
That could support me
Where I would fall down into the nothingness,
Breaking through the falsities
That suspend me
In pain, loss, shame and confusion;

And land in no place
With nothing to give
With nothing to receive
Where being will be all

LM

Samhainn

Tha mi airson dol bàs dha mo bhàs

Tha mi airson dol bàs dha mo bhàs
Tha mi airson a bhith 'nam shìneadh
Air mo dhruim dìreach
'S an dubh dorchadas

Far nach eil sion mun cuairt orm
A bhiodh 'na rud-taice dhomh
Far an tuitinn sìos 's an neoinitheachd,
A' bristeadh 'ro na rudan meallta
A bhios 'cur dàil orm
Ann am péin is ann an call, a' gabhail nàire, troimh chéile;

Agus ruigidh mi àite nach eil 'na àite
Gun sion ri thoirt seachad
Gun sion ri fhaighinn
Ach am bith fhéin

Who makes these changes?

Who makes these changes?
I shoot an arrow right.
It lands left.
I ride after a deer
and find myself chased by a hog.
I plot to get what I want
and end up in prison.
I dig pits to trap others
and fall in.

I should be suspicious
of what I want.

CB

Samhainn

Có a bhios a' dèanadh nan atharrachaidhean seo?

Có a bhios a' dèanadh nan atharrachaidhean seo?
Fuasglaidh mi saighead air taoibh cheairt,
thig e gu fois taobh chèarr.
Marcaidh mi as deaghaidh féidh
agus thig cullach as mo dheaghaidh-sa.
Nì mi foill gus na tha bhuam 'fhaighinn
is 's e an toradh mo chur dhan phrìosan.
Cladhaichidh mi slocan gus càch a ghlacadh
is tuitidh mi fhìn unnta.

Bu chòir amharas a bhith agam
ás na bhios bhuam.

Feasts of Christmas
December 25th–January 6th

Traditionally, there are 12 days in the Feasts of Christmas. The winter solstice corresponds with the commencement of these feast days.

The Gift of Power

I am the Gift, I am the Poor
I am the One of the night tonight.

—Carmina Gadelica, *Volume I, 60*

Féilltean na Nollaig
An 25mh là dhen Dùdlachd–
An t-6mh là dhen Fhaoilteach

Tha 12 là ann am Féilltean na Nollaige mar bu nòs. Bidh grian-stad a' gheamhraidh a' freagair ri toiseach nam féilltean seo.

Bannag nam Buadh

Is mise Bannag, is mise Bochd
Is mise Fear na h-oidhche nochd.

—*Carmina Gadelica*, Leabhar a h-Aon, 60

My father's footprints

The wind came in hard
And there was
A foot and a half of snow down
And by God here he was
Marching ahead in it
A bad knee
Aged but marvelously
Strong, able

It was the wire that had to be put up
To keep the horses in
He was thinking of the weather,
The pounding the wind was offering
As the steps fell deeply
Into the white stuff like a dry bog
Mattered little

I was behind him, following the footsteps he made,
Holy good God he was powerful,
He threw two little posts made of iron
Ahead of him,
And as he did
I thought of Finn MacCool
Tossing a giant
With whom he was fighting away
Like a piece of straw

The icicles that descended
Down the side of the horse barn made
A sound
Like the clangour of the profound deep
Though it was temporal—
I knew that I was
In the presence of greatness.

LM

Luirgean m'athar

Thàinig a' soirbheas a-staigh gu cruaidh
Is bha co-dhiùbh
Troigh gu leth de shneachd' air tighinn sìos
'S ann a' seo a bha e
A' méarrsadh ann
Droch ghlùn
Aosda ach gu miarailteach
Làidir, foigheannach

'S e an uéir a dh'fheumadh a bhith air a cur
Suas gus na h-eich a chumail a-staigh
Cha robh e 'smaoineachadh air an t-sìde,
Bha e coma mu'n drileadh a bha a' ghaoth a' toirt bhuaipe
'S na ceumannan a' tuiteam a staigh go domhain
Dhan stuth gheal coltach ri boglaich thioraim

Bha mi air a chùl, a' leantainn nan luirgean a rinn e,
A Dhia nan gràsan, ach bha e cùmhachdach,
Thilg e dà phost beag air an dèanadh air iarrainn
Air thoiseach air,
Is mar a rinn e seo,
Smaoinich mi air Fionn MacCumhail
A' tilgeadh an fhamhair
Ris a bha e 'sabaid air falbh
Coltach ri pìos fodair

Rinn na snighean-gagain a bha 'g aomadh
Sìos taobh mullach sabhal nan each
Fuaim
Coltach ri gleadhraich na doimhne mhóir
Is ged is e rud talmhaidh a bh'ann—
Bha fhios'm gu robh mi
Ann an làthair mórachd.

A universe tool

The spiritual gurus I have been reading
As of late
Concerning the purpose of my life
Say that the vast universe
Is in partnership with my desire

And in my desire
The universe
Uses me in a wonderfully unique way
Even when I don't fully comprehend or notice

And if that's the way it is
Me like a kind of tool
And you the object of my desire
That has neared to me
This reality
That I have created in thought and hope and silence

I hope that I will be pounded ceaselessly
In my tool-form nature
Like a hammer on a nail that does not bend
Ringing with the essence of the resolute love
That I have for you

LM

Inneal na cruinne cé

Tha na fiosaichean spioradail a tha mi air a bhith 'leughadh
O chionn ghoirid
A thaobh rùn na beath' agam
Ag ràdhainn gu bheil an domhan mór
Ann an compàirteachas le mo mhiann

Is 's a' mhiann agam
Tha a' chruinne cé
'Gam chur gu feum ann an dòigh gu h-anabarrach àraid
Fiù 's nuair nach bi mi fhìn 'ga tuigsinn no a' cur feairt gu h-iomlan

Ma 's ann mar sin a tha e
Mise 'nam inneal
'S tusa, rùn mo mhiann,
A thàinig dlùth dhomh
An suidheachadh fìor seo
A chruthaich mi ann an smuain is dòchas is sàmhchair

An dòchas gun téid mo bhualadh gun stad
Mise 'nam chruth-inneil
Mar òrd air tarrag nach lùb
A' gliongadaich le brìgh a' ghaoil chalma
A tha agam dhut

Holiday

The sounds of iPhones cease,
Ears wait to listen.
The computer screens go black,
And televisions are turned off.
People near to each other,
The earth and heavens meet
And the gentle silence of the infinity
That echoes between stars
Fills the love room of your heart.
And it will be known what an amazing glorious day it is,
Without naming it.

LM

Là naomh

Stadaidh fuaimean nan iFón,
Feithidh cluasan airson éisdeachd.
Théid sgàilean nan coimpiutairean dubh,
Is cuirear telebhiseannan dheth.
Thig daoine dlùth d'a chéile,
Coinnichidh talamh agus speur
Is lìonaidh ciùineas caomh na sìorruidheachd
A nì mac-talla eadar na reultan
Seòmar-gaoil do chridhe.
Agus bithear fios gur e là air leth, greadhnach a th'ann
Gun a bhith 'ga ainmeachadh.

Feasts of Christmas

Be with those who help your being

Be with those who help your being.
Don't sit with indifferent people, whose breath
comes cold out of their mouths.
Not these visible forms, your work is deeper.

A chunk of dirt thrown in the air breaks to pieces.
If you don't try to fly,
and so break yourself apart,
you will be broken open by death,
when it's too late for all you could become.

Leaves get yellow. The tree puts out fresh roots
and makes them green.
Why are you so content with a love that turns you yellow?

CB

Féilltean na Nollaig

Bi còmhla ris an fheadhainn a chuidicheas do bheatha

Bi còmhla ris an fheadhainn a chuidicheas do bheatha.
Na dèan suidhe le daoin' a tha coma, aig a bheil anail
a thig a-mach ás am beòil fuar.
Chan ann 's na cruthan faicsinneach seo, 's ann nas doimhn' a tha
an obair agadas.

Bristidh cnap de dh'ùir a théid a thilgeil 's an adhar ann an criomagan.
Mura fiach thu ri sgiathadh,
's mar sin a' bristeadh do chuirp ás a chéile,
théid do bhristeadh leis a' bhàs,
nuair a bhios e tuilleadh 's anmoch airson do làn-chomas a thoirt gu buil.

Fàsaidh duilleagan buidhe. Cuiridh a' chraobh freumhan ùr' a-mach
agus tionndaidhidh i iad gu uaine.
Carson a tha thusa cho riaraichte le gaol a thionndaidheas tu gu buidhe?

Knock and he'll open the door to you

Knock, and He'll open the door,
Vanish, and He'll make you shine like the sun,
Fall, and He'll raise you to the heavens,
Become nothing, and He'll turn you into everything.

CB

Ignore those that make you fearful and sad

Ignore those that make you fearful and sad, that degrade you back towards disease and death.

CB

Dèan gnogadh agus fosglaidh e an dorust dhut

Dèan gnogadh, agus fosglaidh E an dorust,
Gabh a' ghaoth, agus bheir E ort dèarrsadh mar a' ghréin,
Tuit, agus togaidh E thu chon a' Fhlaitheanais
Thig a bhith 'nad neoinitheachd, agus nì E gach rud dhìot.

Na toir feart do dh'fheadhainn a bheir eagal agus bròn ort

Na toir feart do dh'fheadhainn a bheir eagal agus bròn ort, a bhios 'gad thruailleadh air ais a dh'ionnsaidh galair agus bàis.

Doves

People want you to be happy.
Don't keep serving them your pain.

If you could untie your wings
and free your soul of jealousy,

you and everyone around you
would fly up like doves.

CB

Calmain

Tha daoine airson gum bi tu sona.
Na cum ort am frithealadh le do chràdh.

Ma théid agad air d'iollan 'fhuasgladh
agus d'anam a shaoradh de dh'eudach,

sgiathadh tusa agus a h-uile duine mun cuairt ort
suas mar chalmain.

Calend's Eve
December 31st

Gaelic dialect variations: Oidhche Chullainn,
Oidhche Challainn, Oidhche Challaig, or New Year's Eve

New Year's Eve

May God bless the dwelling,
Each stone, and beam, and stave,
All food, and drink, and clothing,
May health of humanity be always there.

—Carmina Gadelica, *Volume I, 60*

Oidhche Chullainn
A' 31d là dhen Dùdlachd

Caochlaidhean: Oidhche Chullainn, Oidhche Challainn, Oidhche Challaig, air neo Oidhche na Bliadhn' Ùire(adh)

Oidhche Challaig

Gum beannaicheadh Dia an t-àrdrach,
Eadar chlach, is chuaille, is chrann,
Eadar bhìdhe, bhliochd, is aodach,
Slàinte dhaoine bhi daonnan ann.

—*Carmina Gadelica*, Leabhar a h-Aon, 60

Dream animal

In my ancient heritage
According to the custom
In the old country
If you have a dream
And there is a horse in it
It means
A MacLeod person

And similarly, a cat
There will be a Sutherlandshire person:
Someone from
The MacPherson
Or the MacIntosh people

Now, as the dreams about you
Go on perpetually
Wonder, what beautiful, attractive,
Stunning animal
Are you?

LM

Beòthach bruadair

'S an dualchas aosmhor agam
A-réir an nòis
'S an t-seann dùthaich
Ma bhruadalas tu
Is ma chìthear each ann
'S e Leòdach
An ciall dha sin

Is gu co-ionnan, cat
Bidh Catach ann:
Cuideigin
O chlann 'ic a' Phearsain
No chlainn 'ic an Tòisich

A-nist, mar a théid na bruadalan
Air adhart mu'd dhéidhinn gu buan
Saoil, gu dé am beòthach briagha, tarruingeach,
Eireachdail,
Thu?

Calend's Eve

Admit it and change everything

Define and narrow me, you starve yourself of yourself.
Nail me down in a box of cold words, that box is your coffin.
I do not know who I am.
I am in astounded lucid confusion.

I am not a Christian, I am not a Jew, I am not a Zoroastrian,
And I am not even a Muslim.
I do not belong to the land, or to any known or unknown sea.
Nature cannot own or claim me, nor can heaven,

Nor can India, China, Bulgaria,
My birthplace is placelessness,
My sign to have and give no sign.
You say you see my mouth, ears, eyes, nose—they are not mine.
I am the life of life.

I am that cat, this stone, no one.
I have thrown duality away like an old dishrag,
I see and know all times and worlds,
As one, one, always one.

So what do I have to do to get you to admit who is speaking?
Admit it and change everything!
This is your own voice echoing off the walls of God.

CB

Oidhche Chullainn

Aidich e agus atharraich a h-uile sion

Sònraich agus dèan mi cumhang, agus leigidh tu goirt ort dhìot fhéin.
Tarruingaich mi sìos ann am bogsa de dh'fhaclan fuara,
'S e an ciste-laighidh a th'agad a th'anns a' bhogsa a tha sin.
Chan eil fhios'm có mi.
Tha mi air mo chur am breislich aimhreit shoilleir.

Chan e Crìosdaidh a th'unnam, chan e Iùbhach a th'unnam,
Chan e Soroastrianach a th'unnam,
Agus chan e fiù's Musalmannach a th'unnam.
Cha bhuin mi dhan fhearann, no do mhuir aithnichte no neo-aithnichte.
Chan ann le nàdur a tha mi no chan urrainn dhi-se no do fhlaitheanas,

Fiù's chan urrainn dha na h-Innseachan, dhan t-Sìona, dhan a' Bhulgair
    mo thagradh,
'S e àite gun àite, àite mo bhreith,
'S e mo chomharra gun a bhith a' toirt is gun a bhith 'ga thoirt,
Abraidh tu gu' faic thu mo bhial, mo chluasan, mo shùilean, mo shròn,
Chan ann leam a tha 'ad,
'S mise beatha nam beathannan.

'S mise an cat seo, a' chlach seo, is mise an duine nach eil ann,
Thilg mi brìgh an dà chuid air falbh coltach ri seann luideig,
Tha mi 'faicinn is tha mi eòlach air gach àm is gach saoghal,
Mar aon, aon, daonnan an t-aon.

An dà, gu dé tha agam ri dhèanadh a bhith a' toirt ort aideachadh có
    a tha 'bruidhinn?
Aidich e is atharraich a h-uile rud!
'S e seo do ghuth fhéin ann am mac-talla far ballachan Dé.

Brigit's Feast Day
February 1st

Brigit's Feast Day is the first day of spring in the Gaelic calendar.

Brigit's Lineage

On the Feast Day of beautiful Brigit
The flocks are counted on the moor.
The raven goes to prepare the nest,
And again goes the rook.

—Carmina Gadelica, *Volume I, 70*

Là Fhéill Brìghde
A' 1d là dhen Ghearran

'S e Là Fhéill Brìghde a' chiad là dhen earrach
's a' mhìosachan Ghàidhealach.

Sloinntireachd Brìghde

Là Fhéill Brìghde bòidheach
Cunntar spréidh air mòinteach.
Cuirear fitheach chon na nide,
'S cuirear rithis(t) rocais.

—*Carmina Gadelica*, Leabhar a h-Aon, 70

Brigit's Feast Day

Birthing artists: for Seumas Heaney

You are like Brigit
Wet nurse to Jesus
Who assisted Mary
At the birth of the Son of Man;

With kind hands and compassionate heart
Similar to that nursemaid of the holy child
You served via the creation of your own literature
While the virgin bore the word;

The word
Upon which you focused in your poetry
The same as Mary's wet nurse's fosterling
The essential things—
The kingdom of heaven;

In your self-deprecating humour
You and Mary of the Gaels must have been
Similar—
It's highly likely Brigit questioned quietly to herself
"What on earth am I doing here anyways?—
Holy Good God of the graces, I could use a tub of hot water for this here little fellow!"

Like Brigit and her cloak of place
That was spread out over acres and acres
As a response to a doubting king
Your essential words that pertain to loss, love, complexity amidst strife,

Identity, rural landscape and more
Were disseminated across boundaries of beliefs;

Throughout the world they went—
Another path in to the understanding of the crux of things.

LM

Là Fhéill Brìghde

Luchd-ealain na breithe: do Sheumas Ó hEighnigh

Tha thus coltach ri Brìghde
Muime-chìche do dh'Ìosa
A chuidich Moire aig
Àm breith Mac an Duine;

Le làmhan còire is co-thruas 'nad chridhe
Coltach ri banaltrum a' phàisde naoimh
Fhrith thu 'ro chruthachadh do chuid litreachais
Fhad 's a rug an òigh am facal;

Am briathar air an robh thu a-mach 'nad bhàrdachd
An t-aon fhear air an robh daltan bean-chìche Moire
Na rudan riantanach—
Rìoghachd néimh;

'Nad àbhachd fhéin-ghuidhe
Feumaidh 's gu robh thu fhéin is Moire nan Gàidheal
Ionnan—
Dh'fhaodte gun do dh'fhoighneachd Brìghde gu ciùin dhi fhéin
"Gu dé fo'n ghréin a tha mi a' dèanadh a' seo co-dhiùbh?—
A Dhia nan gràsan, ach nach biodh tuba de dh'uisge teth agus leabaidh
ghlan thioram 'na chuideachadh dhan fhear bheag a tha seo!"

Mar Bhrìghde is cleoc an àite a th'aice
A chaidh a shìneadh a-mach thar acairean is acairean
Mar fhreagairt do rìgh teagmhach
Chaidh d'fhaclan brìgheil a bhuin do chall, ghaol, fhillte an deis-
meadhan na strì,

Dhearbh-aithne, chruth-tìre dùthchail
Is còrr a sgaoileadh
Thar chrìochan de chreideamhan;

Feadh an t-saoghail a chaidh iad—
Rathad eile a-staigh do thuigse na brìghe.

Brigit's Feast Day

The guest house

*This being human is a guest house
Every morning a new arrival.*

*A joy, a depression, a meanness,
some momentary awareness comes
as an unexpected visitor.*

*Welcome and entertain them all.
Even if they are a crowd of sorrows,
who violently sweep your house
empty of its furniture,
still, treat each guest honourably.*

*He may be cleaning you out
for some new delight.*

*The dark thought, the shame, the malice,
meet them at the door laughing,
and invite them in.*

*Be grateful for whoever comes,
because each has been sent
as a guide from beyond.*

CB

Là Fhéill Brìghde

Taigh an aoigh

Is unnainn 'nar daonntachd, taigh céilidh
A h-uile madainn, neach-tadhail ùr.

Aoibhneas, trom-inntinn, suarachas,
thig fiosrachadh air choireigin airson tacain
mar neach-tadhail air nach robh dùil.

Cuir fàilte orra is thoir aoigheachd dhaibh uile.
Ged a bhiodh iad 'nan tòrran fo bhròn,
a sguabas an taigh agad gu h-ainneartach
falamh dhen àirneis aige,
thoir aoigheachd do ghach neach-tadhail gu h-urramach.

Dh'fhaodte gu bheil e 'gad sgùradh
airson sogain ùire air choireigin.

An smuain mhuladach, an nàire, an gamhlas,
coinnich thusa ribh aig an dorust a' gàireachdainn,
is leig a-staigh iad.

Bi buidheach do ge bi có a thig,
a chionn gun deach gach aon a chur
mar neach-iùil o'n taobh thall.

Patrick's Feast Day
March 17th

St. Patrick's Day falls near the spring equinox and is traditionally a time for observant Christians to pause from fasting and abstinence during the Lenten period.

Brigit's Lineage

Brigit put her finger in the river
On the Feast Day of Brigit
And away went the hatching mother of the cold,
And she bathed her palms in the river
On the Feast Day of Patrick
And away went the conceiving mother of the cold

—Carmina Gadelica, *Volume 1, 70*

Là Fhéill Pàdraig
An 17mh là dhen Mhàrt

Tha Là Fhéill Pàdraig teann air co-fhad-thràth an earraich agus mar bu nòs 's e seo an t-àm far am bi Crìosdaidhean furachail a' gabhail tàimh o'n chàtadh agus trasg ré àm a' Charghais.

Sloinntireachd Brìghde

Chuir Brìghde miar 's an abhuinn
Là na Féill Brìghde
Is dh'fhalbh màthair ghuir an fhuachd,
Is nigh i basan anns an abhainn
Là na Féill Padruig
Is dh'fhalbh màthair ghin an fhuachd.

—*Carmina Gadelica*, Leabhar a h-Aon, 70

Feast Days

Feast Days established
Before memory;

In every faith
In every society;

Via the invisible sieve that mixes
Custom, observance, food, the communion of humanity,

The wine of the festivals ferments across boundaries,

Where the essence of the entity that looked out
And watched and beheld every thing,
That bent knee and head
At the blessed times
That have no time,

In reverent unions of longing,

Were found to be of all the same sacred stuff
Pouring out everywhere.

LM

Là Fhéill Pàdraig

Làthaichean Féille

Làthaichean Féill' a chaidh a stéidheachadh
Ro' àm na cuimhne;

Anns gach creideamh
Anns gach comunn;

Ro'n t-sìolachan do-fhaicsinneach a mheasgaicheas
Cleachdadh, òrdugh, biadh, comanachadh na daonntachd,

Bidh fion nam féisean a' brachadh thar chrìochan,

Far a' robh a' bhrìgh 's a' bhith a choimhead a-mach
Is a chunnaic gach nì,
A lùb glùn is ceann,
Anns na h-amannan beannaichte
Aig nach eil àm,

Ann an aonaidhean umhail a' chianalais,

'S ann gu bheil 'ad air am faighinn ás an aon chadadh naomh,
A' dòrtadh a-mach anns gach àite.

Patrick's Feast Day

A gift

You've no idea how hard I've looked for a gift to bring You.
Nothing seemed right.

What's the point of bringing gold to the gold mine, or water to the Ocean.
Everything I came up with was like taking spices to the Orient.

It's no good giving my heart and my soul because you already have these.

So—I've brought you a mirror.

Look at yourself and remember me.

CB

Tiodhlac

Chan eil gin de dh'fhios agad air cho cruaidh is a rinn mi lorg air tiodhlac a thoir mi dhut.
Cha robh coltas ceart air rud sam bith.

Gu dé chiall a bhiodh ann òr a thoirt do mhéinn an òir, neo uisge chon a' Chuain.
'S ann coltach ri bhith a' toirt spiosraidhean dhan Oirthir a h-uile sion air an d'rinn mi smaoineachadh.

Cha ruig mi leas mo chridh' is m'anam a thoirt dhut a chionn 's gu bheil iad seo agad mar thà.

Mar sin—thug mi dhut sgàthan.

Coimhead ort fhéin is cum thusa 'nad chuimhne mi.

Passover Period
The 40 days before Easter

This is the 40 day period prior to Easter Sunday which has cultural, spiritual, and religious significance to many Gaels in Nova Scotia.

Early on the Day of Easter Monday

Early on the day of Easter Monday,
I saw on the brine
A duck and a white swan
Swim together.

—Carmina Gadelica, *Volume II, 204*

A' Chàisg
An 40 là ro 'n a' Chàisg

'S e seo an 40 là ro 'n a' Chàisg aig a bheil cudthrom culturach, spioradail, agus creidmheach do dh'iomadh Ghàidheal an Albainn Nuaidh.

Moch Là Luan Càsg

Moch Là Luan Càsg,
Chunna mi air sàil
Lach is eala bhàn
A' snàmh le chéile.

—*Carmina Gadelica*, Leabhar a Dhà, 204

Persistent memory

The strikes of the hammer of loss alter
The end

Where you hope to pass through

You sit
Looking out over vast spaces of nothing:

Sometimes it's the rawness
Other times the jealousy that grips you,

Who is watching who?

Twirling about
You arrive at the persistent truth of memory;

LM

A' Chàisg

Leantalachd na cuimhne

Atharraichidh buillean òrd a' challa
An deireadh

Far a bheil thu 'n dùil ri dhol seachad

Nì thu suidhe
A' coimhead air àiteachan móra na neoinitheachd;

Uaireannan 's e an amhalachd
Is amannan eile 's e an t-eud a ghréimicheas tu,

Có tha 'coimhead air có?

'Nad chuartalan, thig thu mun cuairt
Gu fìrinn leantalachd na cuimhne;

Passover Period

Longing

Longing is the core of mystery
Longing itself brings the cure.
The only rule is, Suffer the pain.

Your desire must be disciplined,
and what you want to happen
in time, sacrificed.

CB

Fadachd

'S e cridhe diamhaireachd an fhadachd
Bheir an fhadachd fhéin leatha a' leighis.
Chan eil ann ach ao' riaghailt, *Fuiling an cràdh*.

Feumaidh do mhiann a bhith air a cheannsachadh,
agus na bhios tu ag iarraidh tachairt
ri ùine, feumar ìobairt a dhèanadh dheth.

Passover Period

The stupid things I've done

*Let your sunlight shine on this piece of dung,
and dry it out, so I can be used
for fuel to warm a bathhouse.*

*Look on the terrible things I've done,
and cause herbs and eglantine to grow out of them.*

*The sun does this with the ground.
Think what glories God can make
from the fertilizer of sinning!*

CB

A' Chàisg

Na rudan baoghalta a rinn mi

Leig le solust do ghréine dèarrsadh air a' phìos bhuachair seo,
gus a thiormachadh, gus an téid mo chur gu feum
do chonnadh a bhlàthaicheas taigh-failcidh.

Coimhead air na rudan gàbhaidh a rinn mi,
agus thoir air luibhean agus preas-nan-ròs fàs asda.

Nì a' ghrian seo leis an talamh.
Cuimhnich air a' ghlóir a 's urrainn do Dhia a dhèanadh
do dh'inneir nam peacannan!

Harsh evidence

*What sort of person says that he or she
wants to be polished and pure,
then complains about being handled roughly?*

*Love is a lawsuit
where harsh evidence must be brought in.*

*To settle the case,
the judge must hear details.*

*You have heard that every buried treasure
has a snake guarding it.*

Kiss the snake to discover the treasure.

CB

A' Chàisg

Dearbhachd chruaidh

Dé 'seòrsa duine a bhios ag ràdhainn gu bheil e neo i
airson a bhith 'na lìomhadh agus glan,
is e neo i 'gearan gun deach beanntainn dha/dhi gu garg?

'S ann an gaol agartas
far a feumar dearbhachd chruaidh a thoirt a-staigh.

Gus a' chùis a réiteachadh,
feumaidh am breitheamh na mion-chunntasan a chluinntinn.

Chuala tu gur ann gach stòras a chaidh a thìodhlaiceadh
's e nathair a bhios 'ga dhìonadh.

Bheir pòg dhan nathair gus an t-ionntas a thighinn ort.

Passover Period

Your defects

An empty mirror and your worst destructive habits,
when they are held up to each other,
that's when the real making begins.
That's what art and crafting are.

A tailor needs a torn garment to practice his expertise.
The trunks of trees must be cut and cut again
so they can be used for fine capentry.

Your doctor must have a broken leg to doctor.
Your defects are the ways that glory gets manifested.

CB

Na droch bheusan agad

Sgàthan fhalamh agus na droch bheusan as mios' agad,
nuair a théid an cur air bialaibh a chéile,
sin agaibh nuair a thòisicheas a' fìor chruthachadh,
Sin agaibh na th'ann an ealan agus dealbhadh.

Tha feum aig an tàillear air gioball sràcte gus 'ealantas a chleachdadh.
Feumaidh stuic nan craobhan a bhith air an gearradh a-rithist is a-rithist
gus an téid aca a bhith 'gan cur gu feum do shaorsainneachd ghrinn.

Feumaidh cas bhrist' a bhith agad gus an dèan an doctair
a chuid doctaireachd.
'S anns na droch bheusan agad a thig glóir am follais.

Passover Period

That quick

A lover looks at creekwater and wants to be
that quick to fall, to kneel, then all
the way down in full prostration.

A lover wants to die of his love
like a man with dropsy
who knows that water will kill him,
but he can't deny his thirst.

A lover loves death. Spill your jug
in the river! Your shame and fear
are like felt layers covering coldness.

Throw them off, and rush naked
into the joy of death.

CB

A' Chàisg

Cho luath sin

Coimheadaidh leannan air uisg' an uillt
agus e airson a bhith cho luath sin gu tuiteam,
gus glùn a lùbadh sìos gu h-iomlan 'ga shliachdadh gu buileach.

Tha leannan airson dol bàs a-réir a ghaoil
coltach ri fear air a bheil iurpais
aig a bheil fios gum marbh uisg' e,
ach, chan urrainn dha am pathadh a th'air a dhiùltadh.

Tha gaol aig leannan air a' bhàs. Dòirt do chrogan
anns an abhainn! 'S ann coltach ri cuibhrig cùrainn 'nam fillidhean peileig
a' còmhdachadh fuachd a tha do nàire is d'eagal.

Tilg bhuat 'ad, agus thoir a-staigh
do dh'aoibhneas a' bhàis.

If everyone could see what love is

*If everyone could see what love is,
each would set up a tentpole in the ocean.*

*The world's population pitched and living
easily within the sea! What if inside*

*every lover's tear you saw the face
of the Friend: Muhammad, Jesus, Buddha,*

*the impossible-possible philosopher,
the glass diamond one, Shams Tabriz?*

CB

Come to the orchard in spring

*Come to the orchard in spring.
There is light and wine and sweethearts
in the pomegranate flowers.*

*If you do not come, these do not matter.
If you do come, these do not matter.*

CB

A' Chàisg

Nan rachadh aig a h-uile duine faicinn gu dé a th'anns a' ghaol

Nan rachadh aig a h-uile duine faicinn gu dé a th'anns a' ghaol,
chuireadh gach duine crann na teanta 's a' chuan.

Sluagh an t-saoghail suidhichte agus a' fuireachd
anns a' chuan gu furasda! Gu dé a bhiodh ann

nam faiceadh tu taobh a-staigh deur gach leannan aodann gaolach
a' Charaid: Muhammad, Ìosa, Buddha,

am feallsanach—neo-chomasach ach comasach fhathast—
fear an daoimein-ghloine, Shams á Tabriz?

Thig dhan mheas-ghort as t-earrach

Thig dhan mheas-ghort as t-earrach.
Tha solust agus fion agus luchd-suirghidhe
anns na flùraichean-gràn-ubhail.

Mura tig thu, cha bhi 'ad seo fiachail dhuinn.
Ma thig thu, cha bhi 'ad seo fiachail dhuinn.

Passover Period

There you are

You are inside every kindness.
When a sick person feels better, you are that,
and the onset of disease, too.

You are sudden, terrible screaming.

Some problems require we go for help.
When we knock on a stranger's door, you sent us.
Nobody answers. It's you.

When work feels necessary,
you are the way workers move in rhythm.

You are what is, the field, the players,
the ball, those watching.

Someone claims to have evidence that you do not exist.
You are the one who brings the evidence in,
and the evidence itself.

You are inside the soul's great fear,
every natural pleasure, every vicious cruelty.

You are in every difference and irritation.
Someone loves something. Someone else hates the same.
There you are.

Whatever eyes see, what anyone wants or not,
political power, injustice, material possessions,
those are your script, the handwriting we study.

Body, soul, shadow.
Whether reckless or careful, you are what we do.

A' Chàisg

'S tus' a th'ann

Tha thu am falach anns gach coibhneas.
Nuair a bhios duine tinn a' faireachdainn nas fhèarr, 's tus' a th'ann,
agus nuair a thig an tinneas, cuideachd.

'S tusa sgriachdail uamhasach na clisge.

Tha trioblaidean ann cuideachadh.
Nuair a ghnogas sinn air dorust a' choimhich, 's tusa a chuir ann sinn.
Cha fhreagair duine. 'S tusa a th'ann.

Nuair a bhios obair riatanach ann,
's tus' an dòigh a bhios an luchd-obrach a' gluasad ann an ruithim.

Is tusa na th'ann, a' phàirc, na cluicheadairean,
am bàla, an fheadhainn a tha a' coimhead.

Tha cuideigin ag agairt gu bheil fianas aice nach tu a th'ann am bith.
'S tusa am fear a bhios a' toirt a-staigh na fianais
agus 's tusa an fhianais fhéin.

Tha thu taobh a-staigh eagal mór an anama,
taobh a-staigh gach toileachadh nàdurra, gach an-iochd guinich.

Tha thu anns gach diùbhras agus frionas.
Tha gaol aig cuideigin air nì-eigin. Tha gràin aig duine eile air an aon rud.
'S tus' a th'ann.

Ge bi dé chì an t-sùil, ge bi d'a dhith air duine neo nach eil,
cùmhachd phoileataigeach, ana-cheartas, stòras an t-saoghail,
sin an litreadh a th'agaibh, an làmh-sgrìobhadh air an dèan sinn sgrùdadh.

Corp, anam, faileas.
Co-dhiùbh cion-umhail no cùramach, is tusa na bhios sinn a' dèanadh.

Passover Period

It is absurd to ask your pardon.
You are inside repentance and sin.

The wonder of various jewels, agate, emerald.
How we are during a day, then at night,
you are those moods and qualities.

The pure compassion we feel for each other.

Every encampment has a tent where the leader is
and also the wide truth of your imperial tent overall.

CB

A' Chàisg

'S e rud neo-dhàicheil a th'ann do mhaitheanas 'iarraidh.
Tha thusa taobh a-staigh maitheanais agus peacaidh.

Iongnadh iomadh sheòid, agait, smàraig.
Mar a bhios sinn ré an latha agus an uair sin air an oidhche,
is tusa an gean agus na buadhan sin.

An fhìor-thruacantachd a dh'fhairicheas sinn dh'a chéile.

Anns gach campachadh, tha pùball ann far am bi an ceannard
agus cuideachd fìrinn fharsuing ur pùbaill impireil air fad.

May Day
May 1st

The Yellow Day of Beltane, or May Day,
is the first day of summer in
the Gaelic calendar.

The Beltane Blessing

Bless, O Threefold true and bountiful,
Myself, my spouse, and my children,
My tender children and their beloved mother at their head.
On the fragrant plain, on the gay mountain sheiling,
On the fragrant plain, on the gay mountain sheiling.

—Carmina Gadelica, *Volume I, 73*

Là Buidhe Bealltainn
A' 1d là dhen Chéitean

'S e Là Buidhe Bealltainn a' chiad là dhen t-samhradh 's a' mhìosachan Ghàidhealach.

Am Beannachadh Bealltain

Beannaich, a Thrianailt fhìor nach gann,
Mi fhìn, mo chéile agus mo chlann,
Mo chlann mhaoth 's am màthair chaomh 'n an ceann,
Air chlàr chùbhraidh nan raon, air àiridh chaon nam beann,
Air chlàr chùbhraidh nan raon, air àiridh chaon nam beann.

—*Carmina Gadelica,* Leabhar a h-Aon, 73

The cleaning

The basement was swept out
Ready for the guests;

Dirt, bugs and spiders
The general cleaning routine as usual

But in the aftermath
Strands of a spider's web
Were seen
Appearing again;

That invisible spider
Not to be extinguished;

Even amidst the routing
And the sanitizing and straightening
The essential web of creation weaves
As is its nature;

Emaho! Eureka! Sin agad e!

The restlessness of the universal soul
To be in a constant condition of making
Now there you have a mystery!

LM

An glanadh

Chaidh an seilear a sguabadh a-mach
Deiseil airson nan aoighean;

An smal is biastagan is pocannan-puinnsein,
An glanadh coitcheann mar a 's àbhaist;

Ach 's an iarbhail,
Chaidh
Siapan de lìontan
A' nochdadh ás ùr 'fhaicinn;

Am poca-puinnsein do-fhaicsinneach ud
Nach urrainn cur ás dha;

'Fiù's a-measg na ruaige,
Na h-ionnlaid is an sgioblachaidh
Fighear lìon spairt a' chruthachaidh
Mar is nàduir dhi;

Emaho! Eureka! Sin agad e!

Iomluasgadh an anama uileach
A bhith ann a' suidheachadh is e ri chruthachadh gu cunbhalach
Sin agaibh a-nist rùn-dìomhair!

May Day

Today, like every other day, we wake up empty

*Today, like every other day, we wake up empty
and frightened. Don't open the door to the study
and begin reading. Take down a musical instrument.*

*Let the beauty we love be what we do.
There are hundreds of ways to kneel and kiss the ground.*

CB

Out beyond ideas of wrongdoing and rightdoing

*Out beyond ideas of wrongdoing and rightdoing
there is a field. I'll meet you there.*

*When the soul lies down in that grass,
the world is too full to talk about.*

Ideas, language, even the phrase each other,
doesn't make any sense.

CB

Là Buidhe Bealltainn

An-diugh, coltach ris a h-uile là eile, dùisgidh sinn falamh

An-diugh, coltach ris a h-uile là eile, dùisgidh sinn falamh
is fo eagal. Na fosgail an dorust dhan t-seòmar-leughaidh
gus tòiseachadh air leughadh. Thoir a-nuas ionnstramaid-ciùil.

Leig leis a' bhòidhchead air a bheil gaol againn a bhith na nì sinn.
Tha ciadan do dhòighean a' ghlùn a lùbadh agus an talamh a phògadh.

A-mach bho bheachdan uilc agus matha

A-mach bho bheachdan uilc agus matha
tha pàirc ann. Coinnichidh mi riut an sin.

Nuair a laigheas an t-anam sìos 's an fhiar sin,
tha an saoghal tuilleadh 's làn a bhith a' bruidhinn air.

Beachdan, cànan, fiù 's an abairt *càch a chéile*,
cha chiall dhaibh.

May Day

Burnt kabob

Last year I admired wines.
This year I am wandering inside the red world.
Last year I gazed at the fire,
This year I am burnt kabob.

Thirst drove me down to the water,
where I drank the moon's reflection.
Now I am a lion staring up
totally lost in love with the thing itself.

Do not ask questions about longing.
Look in my face.

Soul-drunk, body-ruined, these two
sit helpless in a wrecked wagon.
Neither know how to fix it.
And my heart, I would say it is more
like a donkey sunk in a mudhole,
struggling and miring deeper.

But listen to me. For one moment
quit being sad. Hear blessings
dropping their blossoms
around you. God.

CB

Donair loisgte

An uiridh bha mi uasal á fìon.
Am bliadhna tha mi ri allaban taobh a-staigh an t-saoghail dheirg.
A' bhliadhna sa chaidh, spliachd mi air an teine,
A' bhliadhna seo, 's e donair loisgt' a th'unnam.

Dh'iomain am pathadh mi sìos dhan uisge
far an do dh'òl mi faileas na gealaich.
A-nist 's mì a tha 'nam leòmhann
ann an troma ghaol gu h-iomlan leis a' rud fhéin.

Na cuir ceistean mu mhiann orm.
Coimhead air m'aodann.

Anam air an daoraich, corp air a mhilleadh, an dithist seo
'nan suidhe gun chòmhnadh aca ann an cairt air a sgriosadh.
Chan eil fhios aig gin ciamar a théid a chàradh.
Agus mo chridhe, dh'abrainn-sa gur ann
coltach ri asal air a chur fodha ann an toll-eabair a tha e,
a' dèanadh strì agus a' dol nas doimhne dhan pholl.

Ach éisd thusa rium. Airson mionaid
sguir dhen bhròn. Éisd ris na beannachdan
a' tuiteam o na blàthan aca
mun cuairt ort. Dia.

Columba's Feast Day
June 9th

St. Columba spread Christianity amongst Gaels in Scotland in the 6th century.

*Calum Cille
Came out in the morning
He saw the legs of the horse.
He put hair to hair;
Skin to skin;
Flesh to flesh;
Bone to bone;
Marrow to marrow.
And, as He healed that,
Let Him heal this.*

—Father Allan MacInnes,
Ardmore, South Uist (1907–1983)

Là Fhéill Chaluim Chille
An 9mh là dhen Òg-Mhìos

'S e Calum Cille a sgaoil a' Chrìosdaidheachd a-measg Ghàidheal Albann 's an t-6mh linn.

Chaidh Calum Cille a-mach,
Chunnaic e casan a chuid each.
Chuir e gaoisid ri gaoisid;
Craichdean ri craichdean;
Feòl ri feòl;
Cnàimh ri cnàimh;
Smir ri smir.
'S mar a leithis e sud,
Leighiseadh e seo.

—Maighstir Ailean MacAonghais,
Àrd Mór, Uibhist a Deas (1907–1983)

Columba's Feast Day

God of the sea

I cannot understand the ways of this world
I am but a vessel

Warm, cold, miserable and beautiful weather sends me
This way and that

One time I am like a heroic captain
On the bowsprit steering proudly to some harbour or other

Another time I am like a scoundrel
Cleaning the deck
To see if I can get clear of the messes I have made

And at others, between the two, with nothing to do
But go with the tide

But when we received word
That you both would be coming to live with us
To share the vessel

God almighty, but didn't the vessel burst completely
And I became God of the Sea!

LM

Là Fhéill Chaluim Chille

Manannán Mac Lir

Cha téid agam air tuigsinn dòighean an t-saoghail seo
Chan ann ach soitheach a th'unnam

Cuiridh an t-sìde bhlàth is fhuar is mhosach is
Bhòidheach mi chun taoibh seo no chun taoibh sin

Aon uair bidh mi mar chaiptean
Air a' chrann-dall 'ga stiùireadh gu pròiseil gu cala air choireigin

Uair eile 's ann a bhios mi coltach ri cealgair
'Nam chealgaireachd a' glanadh na déile
Fiach am faigh mi cuidhteas am bùrach a rinn mi

Is uair eile eadar an dà chuid, gun seud agam ri dhèanadh
Ach a bhith 'falbh leis a' làn

Ach nuair a fhuair sinn fios
Gum biodh an dithist agaibh a' tighinn a dh'fhuireach còmhla rinn
A chompàirteachadh an t-soithich

A Dhia fhéin, ach cha mhór nach do spreadh a' soitheach gu buileach
Is rinn seo Manannán Mac Lir dhìom!

Columba's Feast Day

The taste of morning

Time's knife slides from the sheath,
as a fish from where it swims.

Being closer and closer is the desire
of the body. Don't wish for union.

There is a closeness beyond that.
Why would God want a second God?

Fall in love in such a way
that it frees you from any connecting.

Love is the soul's light, the taste of morning,
no me, no we, no claim of being.

These words are the smoke the fire gives off
as it absolves its defects,
as eyes in silence, tears, face.

Love cannot be said.

CB

Là Fhéill Chaluim Chille

Blas na madainne

Tairngear sgian na tìde ás an truaill,
coltach ri iasg far an dèan e snàmh.

A bhi nas dlùithe is nas dlùithe siod miann
a' chuirp. Na biodh toil agad ri aonadh.

Thairis air a' sin, tha dlùths ann.
Carson a bhiodh Dia airson Dia eile?

Tuit ann an gaol ann an dòigh
gun cuidhtich e thu o cheangal sam bith.

'S e an gaol solust an anama, blas na madainne,
ás m'aonais, ás ar n-aonais, as aonais bíth idir.

'S e smùid an teine a th'anns na faclan seo
mar a loisgeas e air falbh smalan,
coltach ri sùilean ann an sàmhachas, deòirean, aghaidh.

Cha téid aig a' ghaol a mhìneachadh ann am faclan.

Columba's Feast Day

Who says words with my mouth?

All day I think about it, then at night I say it.
Where did I come from, and what am I supposed to be doing?
I have no idea. My soul is from elsewhere,
I am sure of that, and I intend to end up there.

This drunkenness began in some other tavern.
When I get back around to that place, I'll be completely
sober. Meanwhile, I'm like a bird from another continent,
sitting in this aviary. The day is coming when I fly off,
but who is it now in my ear who hears my voice?
Who says words with my mouth?

Who looks out with my eyes? What is the soul?
I cannot stop asking. If I could taste one sip
of an answer, I could break out of this prison for drunks.
I didn't come here of my own accord,
and I can't leave that way.
Whoever brought me here will have to take me home.

This poetry. I never know what I'm going to say.
I don't plan it. When I'm outside the saying of it,
I get very quiet and rarely speak at all.

Shams Tabriz, if you would show your face
to me again, I could flee the imposition of this life.

CB

Là Fhéill Chaluim Chille

Có a labhras faclan le mo bhial?

Fad an là, smaoinichidh mi air, an uair sin air an oidhche, labhraidh mi e.
Có ás a thàinig mi, agus gu dé bu chòir dhomh a bhi a' deànadh?
Chan eil sion do dh'fhios'm.
'S ann ás àite air choireigin eile a tha m'anam, tha mi cinnteach ás a' sin,
Agus 's e an rùn agamas a dhol ann aig a' cheann thall.

Thòisich an daorach seo ann an taigh-seinns eile air choiregin.
Nuair a thig mi dhan àite sin triop eile, bidh mi gu buileach
stuama. Ré na h-ùine seo, tha mi coltach ri ian o mhór-thìr eile,
'nam shuidhe 's an ian-lann seo. Thig an là nuair a dh'itealaicheas mi air falbh,
ach có a-nist a tha 'nam chluas a chluinneas mo ghuth?
Có a labhras faclan le mo bhial?

Có a choimheadas a-mach le mo shùilean? Dé a th'anns an anam?
Chan urrainn dhomh casg a chur air foighneachd.
Nam b'urrainn dhomh aon shluigean do dh'fhreagairt a bhlasadh,
B'urrainn dhomh bristeadh a-mach ás a' phrìosan seo do mhisgearan.
Cha d'thàinig mi a' seo le mo thoil fhìn,
agus chan urrainn dhomh fàgail mar sin nas motha.
Ge bi có a thug mi a' seo, bidh aige/aice ri mo thoirt dhachaidh.

A' bhàrdachd seo. Chan eil fhios'm gu dé tha mi a' dol a ràdhainn.
Cha bhi mi 'ga chur romham. Nuair nach bi mi 'ga ràdhainn,
fàsaidh mi glé shàmhach agus is ainneamh a labhras mi idir.

A Shams á Tabriz, nan rùsgadh tu d'aodann
dhomh a-rithist, theichinn o mhealltachd na beatha seo.

The Harvest
August 1st

The Feast of Lùnasdal is the beginning of fall
in the Gaelic calendar. Following Lùnasdal—the harvest time—
is St. Michael's Feast Day (September 29th).

The Harvest went far into you.
—Gaelic Proverbs, *edited by Alexander Nicolson, p. 264*

"You are far gone," Lammas being the time of year when things had reached
the verge of dearth before harvest, in olden times.

Àm an Fhoghair
A' 1d là dhen Lùnasdal

'S e an Lùnasdal toiseach an fhoghair 's a' mhìosachan Ghàidhealach. As deaghaidh an Lùnasdail—àm na buana—bidh Là Fhéill Mìcheil (an 29mh dhen t-Sultain) ann.

'S fhad' a chaidh an Lùnasdal unnad.
—*Seanfhacal na Gàidhlig*, air a dheasachadh le Alasdair MacNeacail, d. 264

Agenda-less table

At the table of loss and reclamation
There is a welcome extended to everyone;

From elites to novices
And every person in between
Who comes for their respective reasons

What's the difference?

That the seekers come is good in and of itself;

The guests may eat and drink a rich harvest of language and culture spread out:
foods, poetry, music, customs, belief, dance, stories, songs, tales;

If the chosen are compassionate
With the vulnerable learners,

Or the apprentices patient with the learned and their righteousness

That is not the business agenda of the table

It remains forever set, open, unassuming—

Harsh ignorance
Cruel, exclusionary behaviours
Unnecessary judgements

Strong negative views
Nor even
Psychological warfare—

Will change that;

LM

Àm an Fhoghair

Bòrd gun chlàr

Aig bòrd an deireis agus na h-ath-bhuannachd,
Tha fàilte ann ro 'n a h-uile duine;

Bho dhaoine taghta gu leth-eòlaichean
'S gach duine 's a' mheadhan
A thig dh' an cuid reusannan

Dé 'n diofar?

'S e math a thig na h-iarrtaichean air a shon siod fhéin;

Tha buain bheartach do chànan agus chultar a dh'fhaodas na h-aoighean 'ithe is 'òl air a sgaoileadh a-mach:
Biadhan, bàrdachd, ceòl, cleachdaidhean, creideamh, dannsa, naidheachdan, òrain, sgeulachdan;

Ma tha co-fhulangas aig a' cheannas
Ris an luchd-ionnsachaidh is iad so-ghointe;

No foighidinn aig na fòghlamaichean
Leis a' luchd-ollamhanta is am fìreantachd

Chan e clàr-gnothaich a' bhùird a tha sin

Fanaidh e deasaichte, fosgailte, gun a bhith a' gabhail air gu bràth—

Aineolas cruaidh
Beusan brùideil a chumas a-mach càch
Breitheanais gun fheum

Chan atharraich—

Beachdan làidir càinidh sin
No fiù's
Cogadh-inntinne;

The Harvest

The Prince of Kabul (excerpt)

*In the dream you're running toward a mirage.
As you run, you're proud of being the one
who sees the oasis. You brag to your friends,*

*"I have the heart-vision. Follow me
to the water!" This love of spying far-off
satisfactions, this traveling, keeps you*

*from tasting the real water of where you are,
and who. Nearer than the big vein on your neck,
with waves lapping against you:* here, here.

*The way is who and where you already are,
sleeping in your very being: that which sleeps
and wakes and sleeps and dreams the sweet water*

*is the taste of God. Maybe another traveler
will come to help you see the stream,
like the man who laughs during a long drought*

*when everyone else is weeping. The crops
have dried up. The vineyard leaves are black.
People are gasping and dying like fish*

*thrown up on shore, but one man is always
smiling. A group comes to ask, "Have you no
compassion for this suffering?" He answers,*

*"To your eyes this is a drought. To me,
it's a form of God's joy. Everywhere
in this desert, I see green corn growing*

*waist-high, a sea-wilderness of young ears
greener than leeks. I reach to touch them.
How could I not! You and your friends*

Àm an Fhoghair

Am Prionnsa á Kabul (earrann)

Anns a' bhruadar tha thu 'nad ruith a dh'ionnsaidh mearachadh-sùla.
Fhad 's a tha thu a' ruith, tha thu moiteil ás an fhìorachas gura tusa am fear
a tha a' faicinn na h-innis-fàsaich. Nì thu bosd ri do charaidean,

"Is mise aig a bheil fradharc a' chridh'. Leanaibh mi
dhan uisge!" Tha an gaol seo le bhith ri bhrath air
toileachais-inntinn a tha fad ás, a' siùbhal a tha seo, 'gad chumail

bho'n fhìor uisge anns a bheil thu, a bhlasadh—'s gur tu am fìor uisge seo,
'aithneachadh? Nas teine na a' chuisle air d'amhaich,
is tuinn 'gad imlich: *a' seo, a' seo.*

'S e an t-slighe thu agus tha thu oirre mar thà,
'nad chadal 'nad bhith: a' rud a chaidleas
is a dhùisgeas is chaidleas is nì bruadar 's ann 's an uisge mhilis,

blas Dhé. Dh'fhaodte gun tig fear-siùbhail eile
do chuideachadh an t-sruth 'fhaicinn,
coltach ris an duine a nì gàireachdainn 'ro thuireadh fhada

fhad 's a tha a h-uile duine eile a' caoineadh. Tha am bàrr
air tiormachadh. Tha duilleagan an fhìon-ghàrraidh dubh.
Tha daoine a' call an analach is a' dol bàs coltach ri éisg

a chaidh a thilgeil air a' chladach, ach tha aon fhear ann
air a bheil fiamh na gàire an còmhnaidh. Thig buidheann 'ga ionnsaidh
a dh'fhoighneachd, "Nach eil truas agad ris an fhulangas seo?" Freagraidh e,

"Dha na sùilean agaibh, 's e tuireadh a tha seo. Dhomh-sa,
's e seòrsa àgh Dhé a th'ann. Anns a h-uile àite
's an fhàsach a tha seo, tha mi a' faicinn arbhair uaine a' fàs

cho àrd ris a' chrios, fàsach-mara na diasaid òige
nas uaine na cainneannan. Sìnidh mi a-mach mo làmh am beantainn.
Ciamar nach b'urainn dhomh! Tha sibh-se is ur caraidean

The Harvest

*are like Pharaoh drowning in the Red Sea
of your body's blood. Become friends
with Moses and see this other river water."*

*When you think your father is guilty
of an injustice, his face looks cruel.
Joseph, to the envious brothers, seems*

*dangerous. When you make peace
with your father, he will* look *peaceful.
The whole world is a form for truth.*

*When someone does not feel grateful to that,
the forms appear to be as he feels.
They mirror his anger, his greed, his fear.*

*Make peace with the universe.
Take joy in it. It will turn to gold.
Resurrection will be now. Every moment
a new beauty, and never any boredom.*

*Instead, the pouring noise of many springs
in your ears. The tree limbs will move*

*like people dancing who suddenly know
the mystical life. The leaves snap
their fingers like they're hearing music.*

*They are! A sliver of mirror shines out
from under a felt covering. Think how
it will be when the whole thing is open*

*to the air and sunlight! There are
mysteries I'm not telling you.*

CB

Àm an Fhoghair

coltach ri Faraoh, bàthadh ann am Muir Ruadh
fuil ur corpan. Dèanaibh caraid
de Mhaois agus air ur faicibh an t-uisge eile dhen abhainn seo."

Nuair a smaoinicheas sibh gu bheil ur n-athair ciontach
ann an anaceartas, tha 'aodann a' coimhead an-iochdmhor.
Tha e coltach, dha na bràithrean farmadach, gu bheil Eòsaph

cunnartach. Nuair a nì sibh sìth
le ur n-athair, bidh *coltas* sìtheil air.
'S ann 's an t-saoghal dreach dhan fhìrinn.

Nuair nach fhairich cuideigin taingeil dha sin,
tha e coltach gu bheil na dreachan ann mar a dh'fhairicheas e.
Tilgidh iad air ais 'fhearg, a shannt, 'eagal.

Dèanaibh sìth leis an domhann.
Dèanaibh aoibhneas ann. Tionndaidh e gu òr.
Bidh an aiseirigh ann a-nist. Gach mionaid, bidh
bòidhchead ùr ann, gun tàmhachd sam bith.

An àite sin, fuaim de dhòrtadh iomadh fuarain
'nad chluasan. Gluaisidh na geugan

mar dhaoine a tha a' dannsadh aig am bi fios gu h-obann air
a' bheatha rùnaich. Nì duilleagan cnacadh
mar gum bi iad a' cluinntinn ciùil.

'S iad a tha! Dèarrsaidh spealtag a-mach á sgàthan
fo chòmhdach pheilig.
Smaoinich air mar a bhios e nuair théid an rud gu léir 'fhosgladh

dhan adhar is do sholust na gréine! Tha
rudan dìomhair ann nach eil mi 'g innseadh dhut.

One swaying being

Love is not condescension, never that,
nor books, nor any marking on paper,
nor what people say of each other.

Love is a tree
with branches reaching into eternity
and roots set deep in eternity,
and no trunk.

Have you seen it? The mind cannot.
Your desiring cannot.

The longing you feel for this love
comes from inside you.

When you become the Friend,
your longing will be as the man in the ocean
who holds to a piece of wood.

Eventually, wood, man, and ocean
become one swaying being,
Shams Tabriz, the secret of God.

CB

Àm an Fhoghair

Aon stuth-bith 'na ghluasadh

Chan ann an gaol a bhith ag ìsleachadh, idir,
no ann an leabhraichean, no comharraidhean sam bith air pàipear,
no ann na a bhios daoine ag ràdhainn m'a chéile.

'S e craobh a th'ann an gaol
le miaran a' sìneadh a-mach dhan t-sìorruidheachd
agus friamhan a théid sìos gu domhain 's an t-sìorruidheachd,
agus chan eil stoc aice.

A bheil thu air a faicinn? Chan urrainn dhan inntinn sin a dhèanadh.
'S chan urrainn dha d'mhiann.

'S ann bho'n taobh a-staigh dhìot
a thig an gaol.

Nuair a thig thu a bhith 'nad Charaid,
bidh an fhadachd agad mar an duine
's a' chuan a chumas gréim air pìos fiodha.

Ri ùine, thig fiodh, duine, agus cuan
a bhith 'na aon stuth-bith 'na ghluasadh,
Shams á Tabriz, rùn-dìomhair Dhé.

The Harvest

Amergin's song

According to early Irish (Gaelic) literature, it was Amergin or Aimhirghin Glùnmar who made this incitement in Old Irish (Gaelic) which assisted the Milesians in gaining the upper hand on the Tuatha Dé Danann, i.e. the people or tribe of the goddess Danu in Ireland.

In the version below, inspired by Robert Graves and other English translations, Coleman Barks provides his own interpretation of this epic narrative of early Gaeldom. In contrast, the modern Gaelic version on the facing page reflects more closely the original Old Irish verse.

I am the stag with seven tines,
a flood widening across a plain.
I am wind in a trough of ocean,
the sun's tear, a globe of dew-wet
on an alder branch. I am a hawk
above the cliff, streaming and still,
a thorn beneath the thumbnail,
fire that makes a human head
of smoke above itself.

I am the oak and the lightning
that blackens one side, salmon swimming
and the taste of it cooked
on a hawthorne shaft, a hill of vineyards
and hazelnut trees where poets walk.

I am the charging wild boar, the ivy,
a breaker thrumming down its falling edge.
I am the infant under the unhewn dolmen stone,
flower in the midst of other flowers,
spearpoint. I am the bonfire on the hill,
the hive-queen and the shield,
the screech owl. I am the burning raft
with its body set adrift on nightwater.

CB

Duan Amhairghine

A-réir an litreachais na bu tràithe a bh'aig Gàidheil na h-Éireann, 's e Aimhirghin Glùnmar a rinn am brosnachadh seo anns an t-Seana Ghàidhlig bho thùs a chuidich na mic Mhíl gus làmh an uachdar 'fhaighinn air na Tuatha Dé Danann ann an Éirinn.

'S an tionndadh air an duilleig fa chomhair, tha an dàn seo do dh'eachdraidh nan Gàidheal na bu tràithe aig Coleman Barks fhéin ann a chaidh a mhisneachadh le Raibeart Graves is càch. Air a' chaochladh, tha tionndadh na Gàidhlig nuaidhe ri fhaighinn gu h-ìosal, a' freagairt ris an t-Seana-Ghàidhlig.

'Na mo ghaoith thar na fairge
'Na mo thuil os cionn a' mhaighe
'Na mo bhùirean dha na làin
'Na mo dhamh nan seachd bhalgan-cinn
'Na mo dhriùchd air a leigeil ás a' ghréin
'Na mo ghairge thorc
'Na mo sheabhaig, mo nead air sgeir
'Na m' àirde filidheachd
'Na m' àilleachd bhlàthan
'Na mo bhradan fhiosa
Có—ach mise—a' chraobh agus an dealanach a bhuaileas e?
Có rùn dorch na crom-lic neo-shnaighte?
'Na mo bhan-rìgh do ghach uile chaornaig
'Na mo theine air gach uile chnoc
'Na mo sgèith os cionn gach uile chinn
'Na mo shleagh chatha
'Na mo naoidheamh tonn shìth-bheò
'Na m'uaigh do ghach uile dòchas dìomhain
Có aig a tha fios air slighe na gréine, air tràthan na gealaich
Có thrusas na roinntean, có cheanglaicheas an fhairge?
Có a dh'eagraicheas beanntaichean, na h-aibhnichean, a' sluagh?

The ultimate marriage

I want nothing,
I want everything,
I am completely alone,
I am in full companionship,
I desire everything,
I desire nothing;
Every feeling,
Every desire,
Every thought,
I have for you,
For everything
That runs through my mind
These are not me;
I am a puny essence of the vast universe,
I am the blowing of the wind in the trees,
I am the lapping of the sea on the silent strand,
I am the rain that falls and cleanses,
I am the muck of rivers and ponds and oceans,
I am every thing that moves, that breathes, that grows,
that withers,
I am all this,
And I am the nothing and the everything in the eternity
of the elements.

LM

Am pòsadh deireannach

Chan eil sion bhuam
Tha a h-uile sion bhuam
Tha mi buileach 'nam aonar
Tha mi 'nam làn chompanais
'S miann leam na h-uileadh
Cha mhiann leam sion;
Gach faireachdainn,
Gach miann,
Gach smuain,
A th'agam dhut,
Air gach rud
A ruitheas troimh m'inntinn
Chan iad mi;
Is mise brìgh bheag an domhain mhóir,
Is mise séideadh na gaoithe 's na craobhan,
Is mise imlich na mara air tràigh chiùin,
Is mise an t-uisge a thuiteas is a ghlanas,
Is mise eabar nan aibhnichean is lòintean is cuaintean,
Is mise gach rud a ghluaiseas, a ghabhas anail,
a dh' fhàsas, a chrìonaicheas,
Is mise seo uile,
Is cha mhise sion agus is mise na h-uile ann am bith-bhuantachd
nan dùilean.

Clò a' Bhradain

A' co-cheangal leughdairean ri cànan
is cultar na Gàidhlig air feadh an t-saoghail

Airson tuilleadh leabhraichean, tadhailibh air

bradanpress.com

*Connecting readers worldwide
with Gaelic language and culture*

For more Gaelic titles, visit

bradanpress.com

www.ingramcontent.com/pod-product-compliance
Lightning Source LLC
Chambersburg PA
CBHW060534080526
44586CB00012B/733